NATIONAL GEOGRAPHIC

D0584220

Volcanes

EDICIÓN PATHFINDER

Por Michael E. Ruane y Beth Geiger

CONTENIDO

VOLC

Descubre lo que significa vivir a la sombra de un volcán en actividad.

ANES

Por Michael E. Ruane

Era una noche tranquila en Islandia. Hanna Lara Andrews y su familia dormían plácidamente en su pequeña granja de color blanco. De repente, sonó el teléfono y, al atender, un funcionario gubernamental ordenó: "¡Salgan de inmediato!".

Eran las 2 a. m. y el volcán cercano había entrado en erupción.

La familia debía darse prisa. Ni siquiera tuvieron tiempo de asustarse. Hanna reunió a su hijo de un año y al resto de su familia, y todos corrieron hacia el automóvil.

Tierra en actividad

Hanna y su familia no se habían preocupado por el volcán antes de hoy, si bien este gigante se elevaba sobre su granja y estaba a solo ocho kilómetros (cinco millas) de distancia. La familia se ocupaba de criar vacas y cosechar trigo y cebada en Islandia desde hacía muchos años, y el volcán nunca había causado ningún problema.

Pero ahora escupía chorros de fuego. Jirones de lava brotaban de sus empinadas laderas, y las **cenizas** se disparaban hacia el cielo.

¿Qué provocó todo esto? Para comprenderlo, nos ayudará conocer un poco acerca de lo que sucede en el interior de la Tierra. Comencemos por el suelo que se encuentra debajo de tus pies. Se siente sólido, ¿no es así? Pues bien, no lo es. Esta capa externa de la Tierra, que se llama **corteza**, se encuentra en constante movimiento y cambio.

Calor profundo

La corteza terrestre es como la cáscara de un huevo. Esa cáscara está rota en más de doce piezas de gran tamaño conocidas como placas, y por debajo de las placas se encuentra otra capa que se llama **manto**. Esta capa es lo suficientemente caliente como para derretir algunas rocas y hacer que fluyan como melaza. Por debajo del manto se encuentra el núcleo terrestre.

Las placas de la corteza flotan sobre el manto. Algunas chocan entre sí y otras se raspan entre sí o se separan. ¿Qué sucede exactamente por debajo de Islandia? Aquí, dos placas se separan. Una parte de Islandia se apoya sobre una placa y otra parte se apoya sobre la otra.

Los volcanes a menudo se elevan en lugares en los que dos placas se separan. Esto produce una brecha en la que se pueden formar aberturas. Un volcán es una abertura en la superficie terrestre que actúa como un canal por el que llegan a la superficie rocas fundidas, o magma. A menudo, los volcanes tienen la misma apariencia que las montañas.

A medida que se acumula presión por debajo de un volcán, el magma comienza a ascender, y cuando este explota y sale hacia la superficie terrestre, se denomina lava.

La lava y las inundaciones

La lava puede quemar, enterrar y destruir todo lo que encuentra a su paso. Sin embargo, cuando el volcán de Islandia entró en erupción, a Hanna no le preocupaba la lava, sino las inundaciones. Esto podría parecer extraño, pero aquí tienes la explicación.

El nombre islandés de este volcán es Eyjafjallajökull (Ai-ya-fai-la-yo-kuul), o Eyja. Su nombre puede separarse en tres partes que, en español, significan "isla", "montaña" y "**glaciar**". ¡Eso describe al Eyja!

Un grueso glaciar cubre este volcán y, en determinados lugares, el hielo tiene un grosor de 200 metros (650 pies). Allí es donde comenzó la erupción. El calor extremo derritió rápidamente el hielo. Hanna temía que su granja se encontraba ahora en la trayectoria de un furioso río.

Sobrevolando la acción. *Un helicóptero sobrevuela el volcán en erupción en Islandia.*

4

Cáscara delgada

Si la Tierra fuera del tamaño de una manzana, la corteza tendría solo el grosor de la cáscara de la manzana.

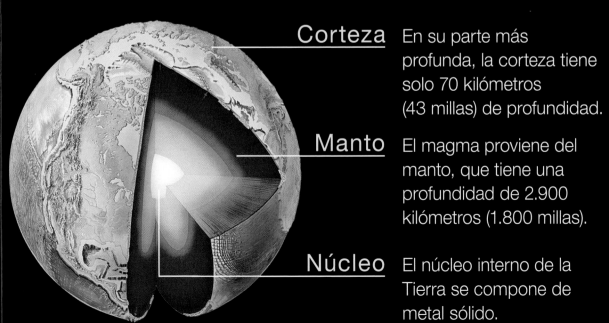

Corteza En su parte más profunda, la corteza tiene solo 70 kilómetros (43 millas) de profundidad.

Manto El magma proviene del manto, que tiene una profundidad de 2.900 kilómetros (1.800 millas).

Núcleo El núcleo interno de la Tierra se compone de metal sólido.

Tormenta volcánica.
*Los relámpagos resplandecen
entre las cenizas del Eyja.*

Pastoreados a la seguridad.
Se traslada a los caballos a un sitio alejado de la ceniza volcánica.

Despierta el gigante dormido

Al parecer, de la noche a la mañana el volcán Eyja se había convertido en un volcán activo. En todo el mundo, otros 1500 volcanes pueden activarse en cualquier momento. Los volcanes activos echan vapor y escupen ardientes rocas, gases y cenizas. Las personas intentan mantenerse alejadas de ellos.

Otros volcanes están extintos, lo cual significa que hicieron erupción hace mucho tiempo y ya han dejado de hacerlo para siempre. Si un volcán está inactivo, pero no se ha desactivado para siempre, se conoce como un "volcán dormido". Se dice que estos volcanes están "durmiendo" y que pueden ser impredecibles y, por lo tanto, peligrosos. En el caso de Hanna, el volcán había dormido durante mucho tiempo. ¡Su última erupción había sido en 1821!

Esta vez, hizo erupción en medio de la noche. De un momento a otro, Hanna y sus vecinos tuvieron que abandonar sus hogares. Si bien nadie salió herido, muchos se preocuparon por sus viviendas y sus granjas.

Sus animales y cosechas también eran motivo de preocupación. Hanna tuvo que abandonar 60 vacas lecheras. La última vez, el volcán había arrojado lava durante 14 meses. No podría esperarse tanto tiempo para ordeñar a esas vacas. ¿Qué podían hacer?

En medio de la acción

A salvo en su refugio de evacuación, Hanna y sus vecinos podían oír los profundos estruendos del volcán, que se escuchaban a varias millas. También podían ver espectaculares exhibiciones de relámpagos en la oscura nube de cenizas.

Los relámpagos se producen cuando se forman cargas de electricidad estática dentro de una nube de cenizas. Es lo mismo que sucede dentro de las nubes de tormenta.

Ver y oír el volcán era una cosa, pero olerlo era algo completamente diferente. Un olor nauseabundo invadía el aire. ¿Se trataba de algas marinas en descomposición o de huevos podridos? El hedor provocaba ardor en la nariz. Cuando vieron esparcirse la pluma de cenizas, entendieron todo.

Aproximadamente 24 horas después del comienzo de la erupción, las cenizas y los gases malolientes ya se habían elevado 11 kilómetros (7 millas) hacia el cielo. Las corrientes de aire los transportaron hacia otras partes de Islandia e incluso fuera del país. La ceniza tenía un aspecto similar al humo, pero estaba compuesta de sólidas y partículas granuladas de roca, vidrio y arena. Podía ser tan fina como el talco y muy peligrosa al inhalarse. Ahora, Hanna y su familia tenían dos temores: las inundaciones y las cenizas.

7

Regresando a casa

Las inundaciones llegaron a la mañana siguiente.
A salvo en su refugio ubicado en terreno más
elevado, Hanna pudo ver ríos de hielo derretido
que descendían del volcán, arrasaban los caminos
e inundaban las viviendas.

A pesar del peligro, parte de la familia de
Hanna regresó a la casa. Podían ver como la
pluma de cenizas se desplazaba sobre las tierras
de labranza. El día se convirtió en noche a
medida que las cenizas taparon el sol.
Su recorrido fue largo y difícil, ya que las cenizas
caían oscuras y espesas, reduciendo la visibilidad
a pocos metros.

Finalmente llegaron. ¡La granja estaba a salvo!
Las inundaciones no llegaron a ella, pero algunos
de sus vecinos no tuvieron tanta suerte.

Durante los próximos días, trabajaron
duro para cuidar la granja. Debían utilizar
máscaras mientras trabajaban, ya que no querían
inhalar las cenizas. Protegieron a los animales
manteniéndolos en el establo.

Fue un gran alivio que los animales y el
terreno se encontraran a salvo, pero ahora la
familia de Hanna debía enfrentar otro problema.
Muchos de los caminos habían desaparecido
debido a las inundaciones, por lo cual no
tenían ninguna forma segura de llevar la leche
a sus clientes. No eran los únicos que estaban
atrapados. El volcán hizo que a muchas personas
les resultara difícil trasladarse.

Refugio seguro. *Unas ovejas se refugian de la nube de cenizas. Las cenizas cubren su piel.*

Un brillo distante. *Una mujer observa la erupción desde una distancia segura.*

Sepultados en cenizas. *La ceniza volcánica cubre los autos y los caminos de Islandia.*

La vida se ve interrumpida

El viento desplazó la nube de cenizas por toda la zona norte de Europa. La ceniza es extremadamente peligrosa para los motores de los aviones. Por eso se cerraron los aeropuertos de Inglaterra, Irlanda, Alemania y Francia, lo cual dejó a los pasajeros varados. Algunos viajeros optaron por trasladarse en tren, barco o taxi, mientras que muchos de ellos simplemente esperaron donde estaban.

La erupción de un volcán en Islandia afectó a gran parte del planeta. Los supermercados en Europa no lograban recibir la suficiente cantidad de frutas y verduras, y el correo aéreo no podía cruzar el océano Atlántico. La entregas de ropa desde Francia no llegaron a los Estados Unidos.

Mirando hacia el futuro

Ha pasado algún tiempo desde que Hanna y su familia huyeron de su hogar en el medio de la noche, y ahora el Eyja parece estar dormido. Los científicos dicen que ha entrado en una fase de "pausa". Recientemente, el volcán sólo ha emitido vapor y pequeñas nubes de ceniza. La vida de Hanna y sus vecinos está volviendo a la normalidad. Se están reparando los caminos y las viviendas.

De todas maneras, los habitantes de Islandia permanecen alertas, ya que el Eyja no es el único volcán del país. Katla, un volcán más poderoso, se encuentra en los alrededores. Las últimas tres veces que el Eyja entró en erupción, también lo hizo el Katla. Si eso volviera a ocurrir, se producirían aún más daños. Por el momento, los residentes observan atentos sus volcanes, y las personas de todo el mundo se preocupan por lo que podría ocurrir. Todos esperan y observan a ver qué pasará.

VOCABULARIO

ceniza: pequeñas piezas de material quemado que un volcán expulsa al aire

corteza: la capa más externa de la Tierra

glaciar: gran masa de hielo en movimiento

manto: la capa de la Tierra que ubicada debajo de la corteza

La increíble Islandia

¡VEN A ISLANDIA! ES LA TIERRA DE FUEGO Y HIELO.

Plumas de vapor blanco surgen del suelo. No muy lejos, la nieve y el hielo cubren una montaña rosada, y los géiseres rocían agua hirviendo por el aire. Ahhh... Es tan solo otro día normal en Islandia.

Zonas abrasadoras

Si recorres uno de los paisajes serpenteantes, toscos y hermosos de Islandia, quizás notes algo extraño. ¡El suelo está echando vapor! Plumas de vapor blanco surgen del suelo. Islandia está repleta de fumarolas de vapor y aguas termales. ¿De dónde proviene todo este aire caliente? Comienza en lo profundo, muy en lo profundo. El vapor proviene de las rocas y el agua de mar caliente que se encuentran debajo de la superficie terrestre.

En una región del sur de Islandia llamada "las piscinas del pueblo", las burbujeantes aguas termales decoran la zona. Los lagos de agua proveniente de los glaciares derretidos han llenado las cumbres de antiguos volcanes que han explotado.

La más famosa de las burbujeantes aguas termales de Islandia es la de Laguna Azul, que se encuentra muy cerca de la ciudad capital del país. Puedes visitar la laguna y bañarte en sus relajantes aguas color azul lechoso, mientras los minerales y el lodo blanco hacen que tu piel quede tan suave como la de un bebé recién nacido. Disfruta del agua, porque esta ha recorrido un largo camino para llegar aquí.

El agua comienza su viaje aproximadamente a dos kilómetros (una milla) de profundidad, bajo la Laguna azul. Allí, el agua del océano Atlántico ingresa en el suelo y las rocas calientes le dan calor. La gente utiliza poderosas bombas y largas tuberías para llevar el agua caliente a la superficie.

Los islandeses no solo utilizan el agua caliente natural para bañarse. También utilizan su vapor para impulsar máquinas que se llaman turbinas, que generan electricidad. Las personas utilizan la electricidad para calentar sus hogares e incluso invernaderos.

Por Beth Geiger

¡Derretimiento!

¿Qué sucede con el hielo? Después de todo, Islandia no sería Islandia sin su hielo característico. Los glaciares cubren una décima parte del país. Imagínate un glaciar del tamaño de Rhode Island. Los glaciares hacen que los valles sean más profundos, y lentamente los van erosionando para llegar al mar.

Los glaciares de mayor tamaño se llaman casquetes de hielo. El más grande de Islandia es inmenso. Es más grande que todos los glaciares juntos de la Europa continental.

Asimismo, Islandia es uno de los pocos lugares de la Tierra donde hay volcanes activos debajo de casquetes de hielo. Aquí, el fuego y el hielo se encuentran.

Esto puede ser muy peligroso. Imagínate qué sucedería si un feroz volcán hiciera erupción debajo de un glaciar. ¡Derretimiento! En primer lugar, el agua derretida crea un lago escondido debajo del hielo. A medida que ese lago crece, se va quedando sin espacio, por lo cual se desborda. Luego, el agua sale explosivamente del casquete de hielo.

En 1996, un volcán hizo erupción debajo de uno de los casquetes de hielo del país. La inundación posterior fue una de las peores en la historia de Islandia. En unas pocas horas, la inundación hizo desaparecer puentes, caminos y cableados de electricidad.

Tierras extremas

El fuego y el hielo se fusionan para crear hermosos paisajes en Islandia. Estas vistas muestran una belleza extraña y salvaje. Este es un lugar feroz y congelado, extraño y espectacular. Esto es Islandia, una tierra de fuego y hielo.

Glaciar derretido. *Un volcán activo ubicado debajo del casquete de hielo más grande de Islandia derritió el hielo por encima de él creando un lago.*

Burbujeante y caliente. *Estos hervideros de lodo se forman cuando el calor subterráneo mezcla la arcilla con el vapor.*

TIERRA DE
fuego y hielo

Explora los extremos calientes y fríos de Islandia para responder estas preguntas.

1 ¿Por qué se forman volcanes en donde se unen las placas terrestres?

2 ¿Cómo se veía, oía y olía el volcán en erupción?

3 ¿Por qué motivo Hanna estaba más preocupada por la inundación que por la lava de la erupción?

4 ¿De qué forma afectó la nube de cenizas a las personas de Islandia? ¿De qué forma afectó a las personas de otros países?

5 ¿Qué sucede cuando un volcán hace erupción debajo de un casquete de hielo? Enumera los sucesos en orden.